EMF3-0047
合唱楽譜＜J-POP＞

J-POP
CHORUS PIECE

合唱で歌いたい！ J-POPコーラスピース

女声3部合唱

ギュッと

作詞・作曲：KOUDAI IWATSUBO　合唱編曲：西條太貴

ELEVATO
MUSIC ENTERTAINMENT

ギュッと

作詞・作曲:KOUDAI IWATSUBO　合唱編曲:西條太貴

poco rit.
poco
A a tempo
mp
Fu fu fu
Ha shu bi du uh
Gm7/C
Gm7(♭5)/C
Fsus4/B♭
F/A
cresc.
f
Ha
Gm
Csus4
C
mf
B
ギューッ と き み の て を つ か ん で は し り だ し て
ギューッ と き み の て を つ か ん で は し り だ し て ち い さ
F
C/E
Dm
F/C
B♭
C7/B♭

19
Woo
ギュ ッ と ー つ な い だ て
な こ の い た み を は な さ な い ー ギュ ッ と ー つ な い だ て
な こ の い た み を は な さ な い ー ギュ ッ と ー つ な い だ て
Gm7 A7(♭9) Dm Dm7/C Bm7(♭5) Gm7 Gm7/C
23
C
mp
を
は や あ し で あ る く
を
を
F B♭ C F Gm/B♭ F/C A7/C♯
mp
27
き み に は も う
mp
ブ レ ー キ か け た ま ま じゃ と
mp
ブ レ ー キ か け た ま ま じゃ と
Dm Am/C G/B C C7/B♭ A7 Dm Am/C

31
D
mf
えいえん さがすあ
どかなーいから えいえん さがすあ
どかなーいから えいえん さがすあ
Gm/B♭ Gm7 C
D B♭M7
35
mp mf
てのないたびより Oo き
てのないたびより すうメー ートルさきの き
てのないたびより Oo き
F/A Dm7 Gm7 F/A
cresc.
39
みのとなーりまでー ー
みのとなーりまでー ー
みのとなーりまでー ー
B♭M7 G7/B C7sus4 C7
f mf

42 E
f
ギューッ と き み の て を つ か ん で は し り だ し て あ わ て
ギューッ と き み の て を つ か ん で は し り だ し て あ わ て
ギューッ と き み の て を つ か ん で は し り だ し て
E
F C/E Dm F/C B♭ C7/B♭ F/A Dm
46
た き み の え が お お か し く っ て せ つ な く っ て ー
た き み の え が お お か し く っ て せ つ な く っ て ー ー
Woo woo
Gm7 A7(♭9) Dm Dm7/C Gm7/B♭ G7/B G7 Csus4 C
50 F
つーん と な み だ め で そ れ で も ま え を む い て
つーん と な み だ め で そ れ で も ま え を む い て ち い さ
つーん と な み だ め で そ れ で も ま え を む い て ち い さ
F
F C/E Dm F/C B♭ C7/B♭ F/A Dm

54
Woo
ギュッとーつないだて
なこのいたみをはなさないー
ギュッとーつないだて
なこのいたみをはなさないー
ギュッとーつないだて
Gm7 A7 Dm7 Dm7/C Bm7(♭5) Gm7 Gm7/C
58 G
を
を
を
F C7/E Dm7 F/C B♭ B♭m6
62 H
p
Hum.
mp
び
p
Hum.
mp
び
mp
ホントのきもちとめがあえば
F Gm7(♭5) F A7/E Dm F/C Bm7(♭5)
p

66
mf
ねつがつ つんでいく あのひのように うそつ
mf
ねつがつ つんでいく あのひのように うそつ
p
mp
Woo
あのひのように
C
C7/B♭
A7
Dm
Gm/B♭
Gm
Gm7/C
C
mp
70
I
きーになれたら よかーったけれど
きーになれたら よかーったけれど やっぱ
mf
うそつき になれたら よかーったけれど やっぱ
I
B♭M7
F/A
Dm
mf legg.
74
やっぱりむずかしい きみのとなーりだとー ー
り むずかしい きみのとなーりだとー ー
り むずかしい きみのとなーりだとー ー
Gm7
F/A
B♭M7
G7/B
C7sus4
C7
cresc.
f

78
J
f
きょう もこのさきも ねがいを おもってて
F C/E Dm F/C B♭ C7/B♭
mf
82
も こころの こえだけでは きみのせなか とおすぎて
も Woo woo
F/A Dm Gm7 A7(♭9) Dm Dm7/C Gm7/B♭ G7/B G7
86
K
ねぇ ありのままに えがいた みらいがあ
Csus4 C F C/E Dm F/C B♭ C7/B♭

90
る Woo いちば
る へいきな フリはやめて つたえたいー いちば
る へいきな フリはやめて つたえたいー いちば
F/A Dm Gm7 A7 Dm Dm7/C Bm7(♭5) Gm7
94
L
ーん たいせつだ と たっ たひとりー きみだけにみすかされ
ーん たいせつだ と たっ たひとりー きみだけにみすかされ
ーん たいせつだ と Woo woo
Gm7/C L D♭M7 E♭ Cm Fm D♭M7 E♭
98
たくーて いつでもー ごまかして(い)た
たくーて なのにいつも ごまかして(い)たー ただしそうーなこ
ー なのにいつも ごまかして(い)たー ただしそうーなこ
Cm Fm D♭M7 E♭ C7 Fm B♭7

102
めのまえにゆれて
たえよりもだいじなしゅーんかんがいまー めのまえにゆれて
たえよりもだいじなしゅーんかんがいまー めのまえにゆれて
G7/B C C7 Csus4 C
106
non dim.
ーるー
M
mp
まだむねのおく きみがわらう
F C/E Dm Am/C
p
110
cresc.
とくるしくなる おいかけ おいついても かわらずた
mp
Woo
おいかけ
おいついても
B♭M7 C7/B♭ F/A Dm Gm7 A7(♭9) Dm Dm7/C
mp cresc.

114
f
だ こいしてるー
かわらず こいしてるー
かわらず こいしてるー
G/B G7 B♭/C A♭m7/D♭ D♭7
117 N
più f
ギューッ ときみのてが よわねを ぬぐうように つれだ
ギューッ ときみのてが よわねを ぬぐうように つれだ
ギューッ ときみのてが よわねを ぬぐうように
G♭ D♭/F E♭m G♭/D♭ C♭ D♭7/C♭ G♭/B♭ E♭m
121
してくれたから ふたりだから いとしくってー
してくれたから ふたりだから いとしくってー ー
Woo woo
A♭m7 B♭7(♭9) E♭m E♭m7/D♭ A♭m7/C♭ A♭7/C A♭7 D♭sus4 D♭

125
O
つーん となみだめで このまま まえをむいて
つーん となみだめで このまま まえをむいて ちいさ
つーん となみだめで このまま まえをむいて ちいさ
G♭ D♭/F E♭m G♭/D♭ C♭ D♭7/C♭ G♭/B♭ E♭m
129
Woo ギュッと ー つないだてを
な このいたみを はなさないー ギュッと ー つないだてを
な このいたみを はなさないー ギュッと ー つないだてを
A♭m7 B♭7(♭9) E♭m E♭m7/D♭ Cm7(♭5) A♭m7 A♭m7/D♭ G♭
Black key gliss.
134
P
brillante
Ha ha Hum.
Ha ha Hum.
Ha ha Hum.
mf
G♭ D♭7/F E♭m7 G♭/D♭ C♭ C♭m C♭m/D♭ G♭add9

MEMO

ギュッと

作詞：KOUDAI IWATSUBO

ギュッと君の手を
掴んで走り出して
小さなこの痛みを離さない
ギュッと繋いだ手を

早足で歩く　君にはもう
ブレーキかけたままじゃ
届かないから

永遠探す　当てのない旅より
数メートル先の
君の隣まで

ギュッと君の手を
掴んで走り出して
慌てた君の笑顔
可笑しくって　切なくって
つんと涙目で
それでも前を向いて
小さなこの痛みを離さない
ギュッと繋いだ手を

ホントの気持ちと目が合えば
微熱が包んでいく
あの日のように

嘘つきになれたら良かったけれど
やっぱり難しい
君の隣だと

今日もこの先も
願いを想ってても
心の声だけでは

君の背中　遠すぎて
ねぇ　ありのままに
描いた未来がある
平気なフリはやめて伝えたい
一番大切だと

たった一人
君だけに見透かされたくて
なのにいつも　誤魔化していた
正しそうな答えよりも
大事な瞬間が今
目の前に揺れてる

まだ胸の奥
君が笑うと　苦しくなる
追いかけ追いついても
変わらずただ恋してる

ギュッと君の手が
弱音を拭うように
連れ出してくれたから
二人だから　愛しくって
つんと涙目で
このまま前を向いて
小さなこの痛みを離さない
ギュッと繋いだ手を

ご注文について

エレヴァートミュージックエンターテイメントの商品は全国の楽器店、ならびに書店にてお求めになれますが、店頭でのご購入が困難な場合、下記PC&モバイルサイト・FAX・電話からのご注文で、直接ご購入が可能です。

◎PCサイト&モバイルサイトでのご注文方法

http://elevato-music.com

上記のアドレスへアクセスし、WEBショップにてご注文ください。

◎FAXでのご注文方法

FAX.03-6809-0594

24時間、ご注文を承ります。上記PCサイトよりFAXご注文用紙をダウンロードし、
印刷、ご記入の上ご送信ください。

◎お電話でのご注文方法

TEL.0120-713-771

営業時間内に電話いただければ、電話にてご注文を承ります。